FAMILLES
DES CROISADES

DU

DÉPARTEMENT DE L'AIN

PAR

le B^{on} Ed. Rostaing

Ancien capitaine de vaisseau de la marine militaire,

Chevalier de la Légion d'honneur et de Saint-Grégoire-le-Grand.

Vendu au profit de l'Œuvre des PP. Franciscains
de la Terre-Sainte.

EXTRAIT DE LA *Revue du Lyonnais*

LYON

IMPRIMERIE D'AIMÉ VINGTRINIER

RUE DE LA BELLE-CORDIÈRE, 14.

1872

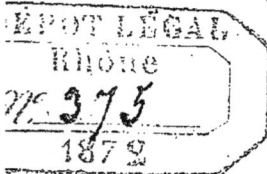

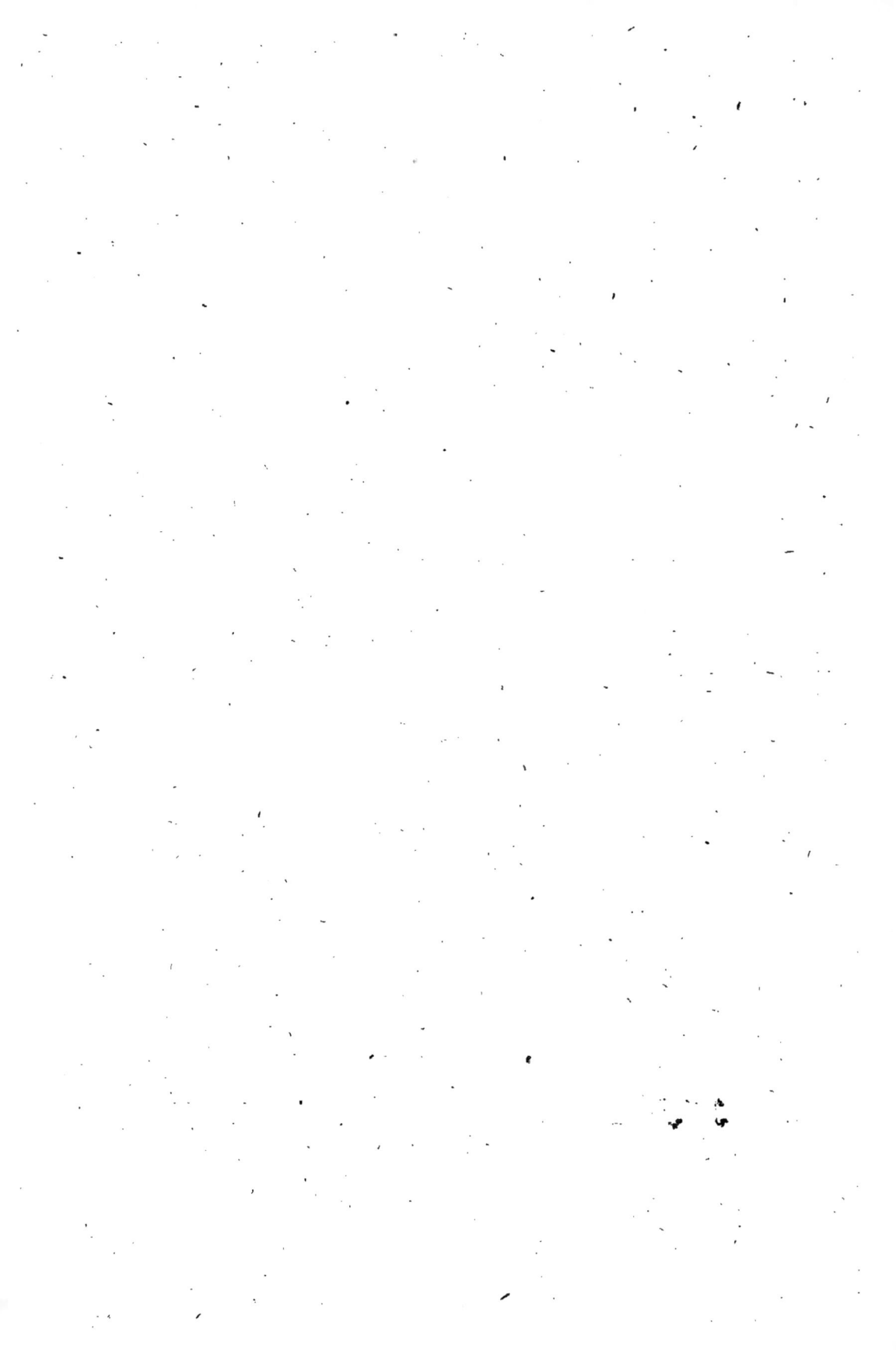

FAMILLES DES CROISADES

DU

DÉPARTEMENT DE L'AIN

SOMMAIRE

Salles des croisades du palais de Versailles.

Sept écussons de familles de Croisés de l'Ain admis d'après Guichenon (*Histoire de Bresse et de Bugey* 1650).

Sept autres familles de Croisés de l'Ain, non admises quoique mentionnées par Guichenon dans la même histoire.

Quatre écussons de familles princières, admises et revendiquées comme celles de Croisés de l'Ain.

Treize autres familles de Croisés de l'Ain mentionnées par Guichenon dans son *Histoire de la maison de Savoie* 1660.

Une famille de Croisés de l'Ain, mentionnée par les historiens contemporains des croisades et par Guichenon dans son *Histoire de la souveraineté de Dombes* 1662, publiée en 1863.

Une famille de Croisés de l'Ain, mentionnée par M. Guigue, dans ses *Notes historiques sur les fiefs de l'arrondissement de Trévoux*, 1863.

Liste des 55 Croisés de l'Ain.

Liste alphabétique des 33 familles de Croisés de l'Ain.

Détail des Croisés de l'Ain par croisades.

Tableau des Croisés de l'Ain par provinces.

Liste de vingt autres familles du Bugey et Valromey, contemporaines des croisades et citées comme telles par Guichenon.

Il y a plus de mille ans que les musulmans d'Espagne et d'Afrique ont envahi la France jusqu'au cœur, sans provocations de notre part, et malgré leur éclatante défaite par Charles Martel, dans le VIIIe siècle, ils se sont maintenus dans le midi, et ont ravagé le bassin du Rhône pendant les VIIIe, IX^n et même le Xe siècles.

Quoi qu'en aient dit les philosophes, les croisades n'ont donc été, de la part des chrétiens d'Europe, qu'une revanche ; et cette immense guerre, qui a repris de nos jours avec une certaine intensité par suite de la conquête de l'Algérie, dure encore.

Pendant les XIe, XIIe et XIIIe siècles, c'est par centaines de mille, pour ne pas dire par millions, que des Français de toutes conditions , au dire des historiens contemporains, sont partis pour la Palestine et ont pris part à la lutte.

Ceux dont les noms ont pu être conservés sont en infiniment petit nombre, et les armoiries de sept cents d'entre eux seulement sont peintes, depuis trente ans, dans les salles dites des Croisades du palais de Versailles.

Sept sont indiquées comme ayant appartenu à des familles des diverses provinces dont a été formé le département de l'Ain. Le but de cette note a été de rechercher dans les historiens du pays si d'autres familles compatriotes n'avaient pas été omises. Nous croyons avoir réussi à quadrupler le nombre de celles qui auraient eu aussi le droit d'y figurer. C'est pour arracher leurs noms à l'oubli, et par conséquent dans un but patriotique, quoique restreint, que nous avons entrepris ce travail, il y a trois ans, dans le calme de la retraite et de la paix.

Que dans chaque département on en fasse autant et on aura pour la France un ensemble qui dès lors présenterait un intérêt général.

Nous ne nous dissimulerons pas que le moment n'est pas opportun, et que les idées sont loin d'être favorables aux croisades, mais d'autre part nous trouvons que, dans les malheurs de la patrie , l'esprit aime à s'enfoncer dans le

lointain des âges, surtout quand il est glorieux, et que
c'est un soulagement et une diversion aux douleurs contemporaines.

Dans une notice sur les principaux seigneurs croisés,
dressée en 1845, par M. Borel d'Hauterive, d'après les
inscriptions et armoiries commémoratives placées dans
les galeries des croisades au musée de Versailles, on lit
ce qui suit :

SEIGNEURS CROISÉS DONT LES ARMOIRIES ET LES NOMS
FIGURENT AU MUSÉE HISTORIQUE DE VERSAILLES

PREMIÈRE PARTIE
Description par ordre des galeries.

« Le musée de Versailles renfermait des galeries de
tableaux consacrés à représenter les batailles, les
siéges, les principaux événements de l'histoire de France,
à reproduire les portraits des princes, des grands officiers
de la couronne, des vaillants capitaines, des magistrats
et des prélats illustres. Les croisades, cette épopée la
plus chevaleresque et la plus dramatique de notre
histoire, méritaient aussi d'y occuper une place d'honneur par la gloire dont se couvrirent les chevaliers
français dans les guerres saintes, et par les consé-
quences importantes qu'elles eurent sur le commerce,
l'industrie, les sciences et la civilisation. »

« Il fut donc décidé qu'on peindrait sur des écussons
les armoiries des seigneurs croisés et que leurs noms
seraient inscrits au-dessous.

« Dans l'exécution (I) de ce plan, on limita les admis-

(1) En 1840.

sions aux personnages dont les noms se trouvaient rapportés soit par des écrivains dignes de foi, soit par des titres originaux, soit par des cartulaires anciens.

« On regarda aussi comme suffisants les témoignages des grands annalistes de nos provinces, tels que : Dom Vaissete, historien du Languedoc ; Guichenon, de la Bresse et du Bugey, Dom Morice, Dom Lobineau, de la Bretagne, et Dom Calmet, de la Lorraine, écrivains éclairés et consciencieux dont les assertions reposent sur des titres authentiques.

« On divisa les écussons en deux, séries. Ceux de la première furent rangés, comme à une place d'honneur, sur les piliers qui partagent la salle transversalement. On les réserva pour les noms et les armes des princes souverains ou des seigneurs puissants et d'un grand renom. Cette série renferme soixante-quatorze écussons appartenant à une cinquantaine de maisons dont quatre ou cinq seulement existent encore (1).

« L'autre série, placée sur les frises, contient deux cent quarante-deux (2) écussons, dont une cinquantaine portent le nom et les armes de familles encore existantes (3).

« Lorsque ces travaux furent terminés et que la galerie fut ouverte au public, beaucoup de familles dont les ancêtres avaient figuré dans les guerres saintes s'empressèrent de faire valoir leurs droits à l'admission de leur nom et de leurs armes.

(1) Soit un sur dix.

(2) $74 + 242 = 316$ incrit en 1840.

(3) Ce qui fait environ une sur cinq.

« Pour faire droit aux réclamations, dont le nombre
ne tarda pas à égaler celui des admissions déjà faites, il
fallut disposer d'autres emplacements pour recevoir une
troisième série d'écussons. On ferma la galerie, et les
travaux, recommencés en 1841, ne furent terminés qu'au
mois de juin 1843. »

INSERTIONS SUPPLÉMENTAIRES

« Deux années à peine avaient été consacrées à l'ac-
complissement de cette œuvre, qui réclamait le concours
de l'historien, du paléographe et du peintre. Lorsqu'au
mois de juillet 1843, les cinq salles des croisades furent
ouvertes au public la critique se hâta de s'exercer, et
un examen rigoureux releva bientôt les fautes qui
avaient été commises malgré les soins éclairés et consciencieux des directeurs du travail.

« Ces cinq salles contenaient ensemble six cent
soixante écussons.

« L'œuvre semblait terminée et close sans retour,
mais la justice de plusieurs demandes et le crédit des
personnes qui les faisaient rendirent indispensable une
nouvelle addition, et, au mois d'avril 1844, vingt écussons
furent peints sur les panneaux étroits qui sont entre les
fenêtres et les murs latéraux dans la deuxième et la troisième salle. Ce dernier supplément porte le nombre des
inscription à six cent quatre-vingt-trois. »

Il était de sept cent deux au 1er janvier 1866; et enfin
de sept cent huit en 1870.

Sur les trois cent seize premiers écussons placés en
1840, quatre sont ceux de chevaliers croisés indiqués
dans l'ouvrage officiel intitulé : *Galeries historiques
du palais de Versailles*, 1840, tome VI, comme appartenant à la Bresse : Baugé, Beyviers, Corsant et Saint-

Sulpis, deux au Bugey, Briord et Lyobard, et un au pays
de Gex, Grailly, total sept pour le département de l'Ain.

En 1843 on a plus que doublé le nombre des écussons
en admettant ceux de trois cent quarante-sept nouveaux
chevaliers croisés, et en 1844 on en a ajouté vingt comme nous l'avons dit, mais ces derniers trois cent soixan-
te-sept ne comprennent aucun nom du département de
l'Ain.

Le total étant de six cent quatre-vingt trois, en 1844,
la moyenne était huit par département, ce qui est à peu
près le nombre de ceux de l'Ain.

Voici ces derniers, d'après le texte explicatif du musée
de Versailles, que j'accompagnerai de quelques notes.

PREMIÈRE CROISADE

« N° 100. — Ulric de Baugé premier du nom, seigneur
de Bresse. Se croisa et (1) fit le voyage de la Terre-
Sainte en 1120. Guy de Baugé seigneur de Miribel,
mourut en Terre-Sainte en 1215.

« Ils portaient : d'azur au lion d'hermines.

Guichenon ajoute (2) : « Ulrich Ier de Baugé, à son
retour de Palestine, se retira vers, 1125, en un hermi-
tage de la forêt de Seillon, près de Bourg, et où il vécut
le reste de ses jours en religieux sous la règle de Saint-
Benoit. »

Il mentionne en outre, que Raynald IV, seigneur de
Bresse et de Baugé fit, en 1249, le voyage de la Palestine,
où il mourut.

« N° 98. — Gauthier de Beyviers. Le même auteur

---

(1) Guichenon. *Histoire de Bresse et de Bugey*.

(2) Guichenon. *Histoire de Bresse et de Bugey*, etc. 1re partie, pages
47 et 55.

cite Gauthier de Beyviers, en Bresse, comme étant allé à la croisade en 1120, avec Berard de Châtillon, évêque de Mâcon, et dit qu'il portait : écartelé d'or et d'azur.

Le fief de Beyviers était dans la commune de Marsonnas, près Montrevel.

« N° 99. — Archeric, seigneur de Corsant, chevalier, de la Bresse. Il accompagna, en 1120, Gauthier de Beyviers à la Terre-Sainte, à la suite de l'évêque de Mâcon. André de Corsant seigneur de la même famille suivit, en 1147, le comte de Savoie, Amédée II à la deuxième croisade (1).

« Ils portaient : d'argent à la fasce de gueules chargée de trois croisettes d'argent.

Le fief de Corsant était sur la Veyle, au-dessus de Pont-de-Veyle.

Il ajoute, page 134 de la 3ᵉ partie, qu' « André de Corsant fut en si grande estime auprès de ce prince, qu'au siége de Ptolemaïde il lui donna la conduite de son armée de mer, au rapport de Fustailler. »

Ptolémaïs a été prise en 1104 et en 1189, mais non pas à la deuxième croisade.

En 1125, la flotte des croisés étant partie du port de Ptolémaïs pour le siége de Tyr, qui fut prise, les deux historiens auront probablement confondu les deux ports, Amé II, comte de Savoie, ayant été déjà en Palestine une première fois, comme on le verra plus loin . et avant la deuxième croisade, dans laquelle il mourut, c'est probablement en 1125 qu'André de Corsant eut le commandement dont a parlé Fustailler, mais il aura pu en outre y retourner en 1147 avec ce prince.

« N° 101. — Pernold de Saint-Sulpis. Parmi les seigneurs de la Bresse qui suivirent, en 1120, à la Terre-

(1) Guichenon. *Histoire de Bresse et de Bugey.*

Sainte Berard de Chastillon, évêque de Mâcon, Guichenon cite encore Pernold de Saint-Sulpis, qui portait :
de gueules à la bande d'hermine.

Saint-Sulpis est entre Montrevel et Mâcon.

« Nº 97. — Gérard de Briord. Guichenon, auteur très
estimé d'une *Histoire de Bresse et de Bugey*, où il donne
la généalogie des familles nobles de ces provinces d'après
les titres authentiques, rapporte que Gérard de Briord, en
Bugey, partit pour la Terre-Sainte, en 1112, avec Berlic de
Montagnieu, et lui donne pour armes : d'or à la bande de
sable. »

Voir l'article généalogique de Briord, dans Guichenon,
page 59, et Titre du prieuré d'Inimont en Bugey, même
auteur, où on lit Berlio de Montagnieu et non Berlic.
Briord est sur le Rhône.

CINQUIÈME CROISADE.

« Nº 175. — Pierre de Lyobard. On lit dans l'*Histoire
de Bresse et de Bugey*, par Guichenon, que Hugues, seigneur de Lyobard, alla deux fois en Terre-Sainte, sans que
l'on sache l'époque précise d'aucun des deux pèlerinages.
Pierre de Lyobard, un de ses descendants, se trouvait au
siège de Damiette, en 1218. Ils portaient : d'or au léo-
pard lionné de gueules, armes parlantes. »

Or Guichenon dit (p. 153) qu'Hugues de Lyobard était
le propre frère aîné de Pierre, voir l'article de Thoire
(page 217) et titres de Meyria, où il est cité présent à
Nantua en 1217, et titres de Portes, en 1215. Cet Hugues
de Lyobard a pu assister à la croisade de 1202 et à celle
de 1218. Les Lyobard avaient à cette époque des terres à
Saint-Sorlin, près du Rhône.

SEPTIÈME CROISADE (1270)

« Nº 227. — Jean premier du nom sire de Grailly, au
bailliage de Gex, chevalier, vicomte de Benauges, etc.,

senechal de Guienne. Il fut à la croisade de 1270, et s'obligea à payer pour Edouard, prince de Galles, trois cents livres tournois faisant partie de soixante et dix mille livres tournois de la même monnaie que ce prince avait empruntées au roi Saint-Louis (1). Il portait : d'argent à la croix de sable chargée de cinq coquilles d'argent. »

Dans son *Histoire de la maison de Savoie*, 1660, Guichenon donne (page 1287, table 97,) la généalogie de la famille de Grailly, pays de Gex, substituée à celle des comtes de Foix, alliée à la maison de Savoie, et d'où sont descendus les princes de Béarn, rois de Navarre.

On trouve en outre les détails suivants dans l'ouvrage de M. A. Boudin, intitulé : *Histoire généalogique du musée des croisades*. In f°, 1858-1860, tome II. page 167.

« La maison de Grailly, originaire de Savoie, tire son nom de la terre de Grailly (en latin *Greilleis*), situé au -pays de Gex, sur les bords du lac de Genève, et dont le premier titre de possession connu remonte à 1120.

« Les sires de Grailly étaient aussi barons de Rolle. Jean premier du nom de la branche établie en Guienne, vint en France avec le prince Edouard, fils de Henri III, roi d'Angleterre. Vers le milieu du xiiie siècle il fut fait par ce prince grand sénéchal de Guienne, vicomte de Bénauge et de Castillon; en 1268, il passa avec lui en Terre-Sainte, commanda l'armée des Francs en 1273 et 1288 ; rendit hommage, en 1287, à Henri II, roi de Jérusalem pour la sénéchaussée de ce royaume, que le roi Hugues III lui avait donnée. Jean portait : d'argent, à la croix de sable chargée de cinq coquilles d'argent. »

« Le nom de Jean, sire de Grailly, est inscrit au musée de Versailles. »

(1) *Histoire généalogique de la maison de France et des grands officiers de la couronne*, tome III.

« Les descendants de ce Jean de Grailly devinrent successivement captals de Buch, par le mariage de Pierre de Grailly avec Assalide de Bourdeaux; comtes de Foix, par le mariage d'Archambaud de Grailly avec Isabelle de Foix, sa cousine, dont les enfants prirent le nom et les armes de Foix; et rois de Navarre par le mariage de Gaston de Foix avec Eléonore D'Aragon, reine de Navarre. De cette branche sont également issus les ducs de Candale, les comtes de Gurson, le duc de Nemours, neveu de Louis XII ; les ducs de Rendan et les ducs de Foix. »

De toutes les familles de l'Ain ce serait celle qui se serait le plus élevée.

Dans l'ouvrage officiel intitulé : *Galeries historiques du palais de Versailles*, 1840, tome VI, in-8°, le n° 72 est consacré à Philippe, seigneur de Montbel, mort à la première croisade, et à deux autres croisés de cette famille.

On cite à l'appui l'*Histoire de Bresse et Bugey*, par Guichenon, en 1650, sans cependant préciser que ces Montbel soient de la Bresse ou du Bugey. Dans la Notice sur quelques anciens titres de croisade, par le comte de Delley de Blancmesnil, 1863, in-4°, Philippe de Montbel est attribué à la province de Bresse; c'est une erreur, à mon avis.

Guichenon a donné la généalogie de cette famille parmi celles du Bugey, c'est vrai, parce que de son temps elle en faisait partie depuis plus de deux siècles, mais pendant les croisades ces Montbel de Savoie n'avaient rien possédé dans le département de l'Ain.

Ils n'ont commencé d'y devenir seigneurs qu'à la fin du XIVᵉ siècle, que Jean de Montbel acheta (1) vers 1392 la

(1) Page 83, de la continuation de la 2ᵉ partie.

seigneurie de Nattage, près du Rhône, en Bugey. Il avait épousé dès 1363 Beatrix de Villars (1), fille de Jean de Thoire et de Villars, seigneur du Montelier en Bresse, et de Belvoir en Bugey, mais il n'hérita de ces seigneuries qu'en 1418, en sorte qu'on ne devrait pas compter ces Montbel comme croisés de l'Ain, mais bien parmi ceux du département de la Savoie, qui en a fort peu, parce que les salles des croisades du palais de Versailles ont été faites avant l'annexion de la Savoie.

De ces sept chevaliers croisés, les écussons des six premiers ont été admis d'après l'*Histoire de Bresse et Bugey* publiée par S. Guichenon, en 1650; mais dans ce même ouvrage cet auteur cite en outre sept autres croisés de ces provinces et dont les généalogies des quatre suivants : Balmey, Châtillon, Cordon et Villars y sont détaillées, et qui avaient par conséquent autant de titres que les six admis à ce que leurs écussons fussent placés à côté de ceux-ci.

Guichenon mentionne, en outre, les trois autres noms de croisés suivants, qui sont ceux de :

Montagnieu, Vaudrenens et Villa, mais sans parler de leurs familles ni de leurs armes.

Parmi ces sept dont les écussons n'ont pas été admis dans les salles des croisades, deux d'entre eux ont été mentionnés cependant dans les articles détaillés, ce sont:

Bérard de Châtillon, au n° 98 ; et Berlio de Montagnieu, au n° 97.

Quant à l'évêque de Mâcon, Bérard de Châtillon, Guichenon dit qu'il était revêtu de cette dignité en 1096 ; et dans la généalogie des seigneurs de Châtillon-les-Dombes, il ajoute (page 117 de la 3e partie) « qu'il fit le voyage

(1) Page 168, de la continuation de la 3e partie.

de la Terre-Sainte sous Godefroy de Bouillon (1), et décéda en 1120. » Plus loin (page 433) à l'article généalogique Corsant, il dit que « Bérard de Châtillon fit le voyage de la Terre-Sainte en 1120. »

Ses armes étaient : parti d'argent et de gueules au lion passant de l'un en l'autre.

Il y a donc été deux fois, sinon trois fois, car d'un autre côté on trouve dans les *Notices historiques sur les fiefs et paroisses de l'arrondissement de Trevoux*, publiées en 1863 par M. C. Guigue, ancien élève de l'école des Chartes, à l'article Châtillon-sur-Chalaronne : « Bérard de Châtillon, évêque de Mâcon et son frère Humbert de Châtillon, chevalier, qui firent un traité en 1103 avec l'abbé de Cluni, se croisèrent en 1108, pour la Terre-Sainte avec deux de leurs neveux (dont nous parlerons plus loin). »

Au sujet de Ponce du Balmey, mort en 1140, évêque de Belley de 1120 à 1434, et qui fut fondateur de la Chartreuse de Meyria en Bugey, en 1116, Guichenon cite un neveu de cet évêque, nommé Garnier du Balmey, chevalier, qui se fit convers à Meyria (article généalogique Balmey, p. 20 et 21) et, qui ayant donné à ses enfants une partie de ses biens, notamment ce qu'il avait à Montchenillac, et le reste à la Chartreuse de Meyria, fit le voyage de la Terre-Sainte.

Armes : d'hermine au canton senestre d'argent, chargé d'une aigle à deux têtes esployée de sable.

Le Balmey est dans les montagnes, à l'est de Cerdon.

C'est probablement à la 2e croisade qu'il prit part. Guichenon, à l'article généalogique Cordon, dit que cette famille était des plus anciennes et illustres du Bugey,

(1) 1096-1099.

et mentionne Pierre de Cordon, chevalier, seigneur dudit lieu (1) comme ayant fait le voyage de la Terre-Sainte. Il vivait vers la fin du XIIIe siècle. Armes : écartelé d'argent et de gueules.

A la famille de Villars en Dombes, fondue plus tard dans la maison de Thoire par le mariage d'Agnès de Villars avec Etienne sire de Thoire, Guichenon mentionne Etienne de Villars comme ayant été à la croisade en 1145 et 1147 pages 399, article Villars, et page 33, article La Chassagne. Il est mort après 1180. Armes : bandé d'or et de gueules de six pièces.

Pour Berlio de Montagnieu , mentionné au n° 97 comme parti pour la Terre-Sainte en 1112 avec Gérard de Briord, Guichenon le cite avec ce même Gérard de Briord comme faisant, en 1112, une donation au prieuré d'Inimont, voisin des paroisses de Briord et de Montagnieu ; il est donc bien probable que ce Berlio était seigneur dans cette commune de Montagnieu du Bugey. Mais on ne sait rien de sa famille ni de ses armes , peut-être était-ce un membre de la famille de Briord.

Au sujet de l'abbaye de la Chassagne : on lit dans Guichenon , page 35 : 10e abbé : Etienne , 1250 , avec le prieur de Seillon et Girard de la Palu, chevalier, attesta, en l'an 1257, que Barthélemy de Vaudrenens, chevalier, allant à Jérusalem et s'étant fait chevalier du Temple, donna tous ses biens à Berlion de Bronna, chevalier. Ses armes sont inconnues.

M. Guigue, dans sa notice citée plus haut, mentionne parmi les bienfaiteurs de l'abbaye de la Chassagne Barthélemy de Vandrenens, qui est évidemment le même. Je ne sais s'il y a eu quelque raison de changer la pre-

(1) Situé au coude du Rhône, en face du confluent du Guiers.

mière syllabe du nom Vau en Van. Il donne du reste
sur les Bronna quelques détails qui se rapportent au
croisé. « Page 47. — Bronna, ancien fief dans la commune
de Villette, possédé originairement par des gentilshommes du nom et armes de Bronna, depuis Aymé de Bronna, chevalier, vivant en 1280. Ce fief resta toujours uni
à celui du Vernay. »

Quant à Villa, Guichenon en parle à l'article de la
Chartreuse de Portes, page 89 et page 222 des Preuves,
comme un de ses bienfaiteurs.

« Humbert de Villa, prêtre, dit-il, en l'an 1116 ou
environ, étant sur le point de faire le voyage d'outre-
mer...... donna aux Chartreux les dîmes qu'il avait
comme curé de Portes. » Mais il ne dit rien de son
origine ni de ses armes, si toutefois il en avait, car,
comme je l'ai rappelé en commençant, au dire des historiens contemporains des croisades, il y avait eu des
croisés de toutes conditions.

Je crois donc qu'on est fondé à ajouter les noms de
ces sept croisés aux sept dont les écussons sont au musée de Versailles, ce qui porterait à quatorze le nombre
des familles du département de l'Ain du temps des croisades, qui y ont pris part, et ont fourni dix-neuf croisés.
Au n° 107 de la liste du musée de Versailles, on lit ce
qui suit :

« Guerric Ier, seigneur de Coligny et du pays de Revermont fut un des seigneurs de Bourgogne qui se rendirent à la Terre-Sainte en 1147.

« Humbert II, son fils, seigneur de Coligny, accompagna avec plusieurs de ses vassaux Hugues III, duc de
Bourgogne, dans son voyage en Palestine, en 1171 (1).

_____

(1) *Histoire généalogique de la maison de France* t. VII, p. 144
et 145.

Ils portaient : de gueules à l'aigle d'argent becquée, membrée et couronnée d'azur.

Guichenon cite un Guerric de Coligny, seigneur de Varey en 1130 et 1150, qui est évidemment le même.

Cette famille célèbre ayant tiré son nom du bourg de Coligny, compris dans le département de l'Ain et ayant longtemps possédé cette seigneurie, ainsi que le pays de Revermont, pendant les croisades, il me semble que Guerric et Humbert de Coligny peuvent être revendiqués comme compatriotes des croisés de l'Ain. Il est à remarquer aussi qu'Humbert fut accompagné par plusieurs de ses vassaux également nos compatriotes.

Guichenon dit (page 40 de la 1re partie) que les sires de Coligny possédaient une partie du Bugey appelée encore de son temps (en 1650) : la Manche de Coligny, qu'une fille porta dans la famille des seigneurs de la Tour du Pin. Ce fut Béatrix qui, en 1200, épousa Albert, sire de la Tour du Pin, dont le fils Humbert, marié avec Anne, héritière du Dauphiné, devint Dauphin de Viennois, et dont les descendants restèrent seigneurs de cette Manche de Coligny pendant un siècle et demi.

Au n° 59, du 2e volume, on lit :

« Albert II, seigneur de la Tour du Pin, avait fait son testament sur le point de partir pour la Terre-Sainte, vers l'an 1190. Ce testament est rapporté par Baluze, aux Preuves de l'histoire de la maison d'Auvergne (1). Albert de la Tour du Pin portait : de gueules à la tour crénelée d'argent, flanquée à senestre d'un avant mur crénelé du même, le tout maçonné de sable. »

Je crois donc que ce chevalier croisé peut être aussi rangé parmi ceux du département de l'Ain, bien qu'appartenant davantage au Dauphiné.

(1) *Histoire de la Maison de France*, tome II, p. 13.

La famille des sires de Beaujeu est représentée dans les salles des Croisades par deux chevaliers inscrits aux n°s 179 et 221. Voici ce que contient le texte explicatif du musée de Versailles, au n° 179 »

SIXIÈME CROISADE.

« Humbert de Beaujeu, seigneur de Montpensier, d'Aiqueperse, de la Roche d'Agoux, d'Hermenc et de Roanne, connétable de France. Il accompagna le roi saint Louis en son premier voyage d'outre-mer, et signala son courage à la bataille de la Massoure en 1250 (1).

« Il fut aussi à la croisade de Tunis, en 1270 (2). Armes : d'or au lion de sable chargé d'un lambel de cinq pendants de gueules » « et pour devise : A tout venant beau jeu. »

Ces armes ne sont pas exactes, le lambel de cinq pendants de gueules n'ayant été adopté par les sires de Beaujeu de la 2e race qu'après 1265, date de la mort de Guichard V, fils du connétable de France Humbert V de Beaujeu, lequel par conséquent ne devait pas l'avoir dans ses armes, en outre; des travaux postérieurs ont fait retrouver les armes du connétable Humbert V de Beaujeu. Dans l'*Histoire des ducs de Bourbon et des comtes de Forez*, de M. de La Mure, publiée, en 1868, par M. R. de Chantelauze; page 45 des documents inédits, M. Guigue annonçait, en 1863, que M. Gautier, archiviste du département du Rhône, venait de découvrir les armes qu'Humbert V sire de Beaujeu portait en 1217, lesquelles sont gravées sur cette même page et blasonnées ainsi : parti au premier, d'or au lion de sable; au deuxième brétessé; ou bien au deuxième de...... à la bordure componnée du

---

(1) *Histoire généalogique de la maison de France*, tome VI. p. 81.
(2) Il y a ici erreur, car il était mort en 1250.

champ et de..... Ce sont donc celles qu'il faut lui donner, ainsi qu'à Guichard IV sire de Beaujeu, son père, qui les avait adoptées, en ajoutant pour le premier parti les armes pures de Flandre, de sa femme Sibille de Hainaut, aux armes anciennes de Beaujeu : brétessé, conservées dans le deuxième parti.

Dans son *Histoire de la souveraineté de Dombes*, qu'il avait laissée manuscrite en 1662, et qui n'a été publiée que deux siècles après, en 1863, par M. Guigue, ancien élève de l'école des Chartes, S. Guichenon dit que le connétable de France Humbert V de Beaujeu était seigneur de Dombes, de Miribel et de Meximieux, que vers Noël 1208 il se reconnut vassal (page 176) de l'Église de Lyon pour les châteaux de Meximieux en Valbonne, de Chalamont et du Donjon de Montmerle ; en outre il était seigneur du Valromey, car on lit dans les *Archives civiles de la Côte-d'Or*, au n° 1036, qu' « Amédée de Savoie promit au connétable de France Humbert de Beaujeu de lui rendre ses châteaux de Virieu, Châteauneuf en Valromey et Cordon, 1236. »

Il y avait un siècle que ces seigneuries étaient dans sa famille, et le département de l'Ain peut le revendiquer comme un de ses chevaliers croisés.

En effet, dans son *Histoire du Bugey*, Guichenon dit, à l'article de la Chartreuse d'Arvières en Valromay : « Cette Chartreuse reconnaît pour ses fondateurs les comtes de Savoye et les seigneurs de Beaujeu, car, environ l'an 1140, Amé deuxième du nom, comte de Maurienne et de Savoye, désirant attirer les Chartreux en sa terre de Valromay, leur donna le territoire d'Arvières, et Humbert, seigneur de Beaujeu, second du nom (1), son

(1) Humbert III, dans la table généalogique insérée à la fin de son *Histoire de Savoie.*

gendre, seigneur de Bugey et Valromay (à cause d'Alix de Savoie, sa femme), leur confirma cette donation. »

Cet Humbert III de Beaujeu n'a pas été mentionné dans la liste de la salle des Croisades ; cependant il y a pris part, et comme il avait hérité de son père des seigneuries de Montmerle et de Châtillon-sur-Chalaronne, et que par sa femme il était devenu, ainsi que nous venons de le voir, seigneur de Bugey et Valromay, je crois pouvoir le citer en qualité de croisé de l'Ain ou du moins de chef d'un nombre notable de croisés de notre pays. Voici ce qu'en dit S. Guichenon dans l'*Histoire de la souveraineté de Dombes*, (page 163) : « Pierre-le-Vénérable-abbé de Cluni, raconte qu'Humbert III, sire de Beaujeu, résolut d'aller à Jérusalem, où étant arrivé il prit l'ordre et l'habit de templier pour combattre les infidèles ; mais sa femme, à laquelle il avait laissé la conduite du pays, obtint du pape Eugène III de le faire revenir. »

« Ainsi Humbert, étant de retour de la Palestine, se trouva en 1153 à Mâcon... »

Il vécut jusqu'à 1193 et était bisaïeul du croisé, Humbert V de Beaujeu, connétable de France, seigneur à son tour de Bugey et Valromay ; ses armes étaient d'après ce qui a été dit ci-dessus : brétessé, ou bien : de..... à la bordure componnée du champ de....

Il est probable qu'Humbert III de Beaujeu le templier avait accompagné à la deuxième croisade son beau-père Amé II, comte de Savoie, qui y mourut en 1149, et que c'est alors qu'il revint et put ainsi se trouver à Mâcon en 1153.

Enfin j'en viens au plus illustre de tous les noms des croisés de l'Ain, celui d'Amédée II, comte de Maurienne, puis de Savoie, dont la famille a été souveraine de la plus grande partie du département pendant plusieurs siècles, et je demande si l'on peut le lui disputer ? Je ne le pense pas.

Guichenon dans son *Histoire de Bresse et Bugey*, etc., 1650, s'exprime ainsi, page 40 :

« En Bugey comme en Bresse, il y a eu autrefois plusieurs souverains, car la donation que l'empereur Henri IV fit à Amé II, comte de Savoie, de la seigneurie du Bugey, en l'an 1137, ne comprenait que ce qui est du long du Rhône depuis Châtillon de Michaille, jusqu'à Grôlée. » Mais dans son *Histoire généalogique de la maison de Savoie*, qui parut dix ans après, c'est-à-dire en 1660, il dit (page 210) : « La donation du Bugey à Amé, comte de Savoie, que Pingon a attribuée à l'empereur Henri IV, en 1137, est fausse. »

« C'était Lothaire II (1) qui régnait en 1137. Henri IV était mort en 1106 et son successeur Henri V en 1125 ; » mais la date seule était inexacte ; et Guichenon se rangea à l'opinion de l'historien Botero, à savoir : « que c'est à son passage par la Savoie, en 1077, que l'empereur Henri IV donna le Bugey à Amé II , (c'est-à-dire Amé Ier, aïeul du croisé Amédée II, comte de Savoie,) son beau-frère, lequel l'accompagna en Italie et contribua à le réconcilier avec le pape Grégoire VII. »

L'écusson d'Amédée II de Maurienne et de Savoie est sur un des piliers, à l'une des places d'honneur réservées pour les noms et armes des princes souverains ou des seigneurs puissants et d'un grand renom.

Il est inscrit ainsi au nº 29 (*deuxième croisade*) : « Amédée II, comte de Maurienne et de Savoie, oncle maternel du roi Louis-le-Jeune, suivit son neveu à la

(1) De Supplenbourg (Saxe).

croisade, en 1147, et mourut l'année suivante à Nicosie,
en Chypre (1). Il portait : écartelé aux 1 et 4 d'or à l'aigle
de sable, qui est Maurienne ; aux 2 et 3 de gueules à la
croix d'argent, qui est Savoie. » Cependant S. Guichenon qui était historiographe officiel de la maison de
Savoie se borne à donner aux comtes de Savoie anté-
rieurs à Amé V : d'or à l'aigle de sable. Je pense donc
qu'il est préférable de s'y conformer pour les trois comtes
de Savoie croisés ; Humbert II ; Amé II et Thomas Ier,
car ce ne fut que vers la fin du XIIIe siècle qu'Amé V,
comte de Savoie, fixa ses armes : de gueules à la croix
d'argent.

Guichenon l'appelle Amé III du nom, comte de Savoie et seigneur de Bugey, et ce qui suit est un extrait
de ce qu'il en dit :

« Né vers 1096, — en 1130 fonde en Bugey l'abbaye
de Saint-Sulpice, de l'ordre de Citeaux ; en 1140 la Chartreuse d'Arvières en Valromay ; en 1141 le monastère
de Notre-Dame de l'ordre de Citeaux, dans la vallée de
Chésery (Ain) ; en 1145 il fit une donation à l'abbaye de
Saint-Sulpice en Bugey au moment de se croiser.

« Il avait aussi doté la Chartreuse de Portes en Bugey, fondée en 1115.

« En 1149, il meurt, le 1er avril, dans l'île de Chypre,
où il est enterré dans le monastère de Sainte-Croix de
Nicosie.

« Un titre du monastère de Saint-Maurice, en Cha-
blais, de l'an 1150, dit que c'était son second voyage en
Palestine. »

Comme on l'a vu ci-dessus, cet Amédée II de Savoie, le croisé, était seigneur du Bugey, qui avait été
donné, en 1077, à son aïeul Amé Ier de Savoie.

(1) *Art de vérifier les dates*, t. XVII p. 163.

Nous sommes arrivés pour le département de l'Ain à dix-huit familles, ayant fourni vingt-trois chevaliers croisés, dont deux ont pris part à deux croisades.

L'ouverture des salles des Croisades au musée de Versailles ayant eu lieu il y a trente ans et par conséquent bien avant l'annexion de la Savoie à la France, on n'avait compulsé, à ce qu'il paraît, que l'*Histoire de la Bresse, du Bugey et Valromay* publiée par Guichenon en 1650, pour l'admission des chevaliers croisés de ces provinces. On n'avait nullement songé, je crois, à consulter l'*Histoire généalogique de la royale maison de Savoye*, du même auteur, publiée, en 1660, et dans laquelle on aurait, dix ans après, en 1660, trouvé un certain nombre de croisés du Bugey et du Valromay pays qui avaient été annexés à la Savoie en 1077, comme on l'a vu plus haut.

La Brese n'ayant été possédée par les comtes de Savoie que deux siècles après, à la suite du mariage de Sybille de Baugé, dame de Bresse, avec Amé V de Savoie, en 1272, et par conséquent après la 8e et dernière croisade, on n'y trouve presque pas de noms de cette province.

J'ai eu l'idée de faire des recherches dans ce dernier ouvrage volumineux de Guichenon, et y ai trouvé d'abord que.

Humbert II du nom, comte de Savoie, etc., seigneur de Bugey, etc., mort en 1108, selon le nécrologe de Saint-Jean de Maurienne, avait fait une fondation au prieuré du Bourget, en 1097, à l'occasion de la première croisade. Guichenon l'appelle Humbert II, dit le *renforcé*. « En 1100, il fonda, dit-il, le prieuré d'Inimont en Bugey, de l'ordre de Cluny (page 197 des Preuves) : *Dominus Umbertus nobilissimus comes qui cognominatus est reinforciatus.* »

Il était seigneur du Bugey, qui avait été donné, en 1077, à son père Amé Ier.

Faradin, Pingon et Guichenon disent qu'il avait fait partie de la première croisade. Collet aussi pense qu'il y était.

Dans l'*Histoire des croisades* de Michaud, 7e édition, 1849, une note ajoutée, page 361 du 1er vol., par M. Huillard-Breholles, est ainsi conçue : « Ce qui fait élever des doutes sur le voyage d'Humbert II (de Savoie), c'est le silence des historiens de la première croisade, ainsi que les actes qu'on a conservés de ce prince, lesquels font voir qu'il était resté en Europe jusqu'à l'an 1100, mais tous les doutes se dissipent lorsqu'on place son départ à la seconde expédition, en 1101.

D'après Guichenon ses armes étaient : d'or à l'aigle de sable.... c'est-à-dire Savoie ancien.

Il faut remarquer aussi que ces historiens n'ont pas mentionné non plus le premier voyage en Palestine de son fils Amé II de Savoie.

Plusieurs historiens ont écrit que :

Thomas Ier, comte de Savoie et du Bugey, etc, avait pris part à la quatrième croisade en 1202, mais Guichenon en doute, quoique Pingon l'assure et qu'il donne une liste de vingt-cinq chevaliers croisés ayant accompagné le comte Thomas Ier.

Cependant ce qui vient à l'appui de l'assertion de Pingon, c'est un précis généalogique (1) de l'illustre maison de Viry–Viry en Savoie, ou plutôt en Genevois, fait en 1776, et conservé dans les riches archives du château de Viry près de Genève, et dans lequel on lit que Hugue II,

(1) Dont je dois la communication à mon neveu le baron Amé de Viry. Voir aussi le *Cabinet historique* de M. Louis Paris, 1864.

« seigneur de Viry et de Salenove, etc., fut un des seigneurs de Savoie qui accompagnèrent le comte Thomas de Savoie dans la croisade qu'il entreprit vers 1200 pour le recouvrement de la Terre-Sainte. »

Il avait pour armes, d'après Guichenon: d'or à l'aigle de sable (1).

Ensuite vient Louis de Savoie, baron de Vaud, seigneur de Bugey, de Valromey, etc. (troisième fils de Thomas II de Savoie, comte de Maurienne, et de Béatrix de Fiesque, sa deuxième femme), né en octobre 1250, qui suivit le roi saint Louis à sa dernière croisade à Tunis, en 1270, et mourut à Naples en 1302.

Armes : d'or à l'aigle de sable, au lambel de 5 pendants de gueules brochant sur le tout, comme brisure de cadet. Ces armes sont peintes ainsi à la voute de la salle appelée la Diana, construite et peinte, il y a près de six siècles, à Montbrison, par Jean Ier, comte de Forez, et l'un des monuments héraldiques les plus curieux de l'Europe ; ce Louis de Savoie avait épousé la veuve du père de Jean Ier. J. M. de La Mure, qui écrivait, en 1677, mentionnait cet écusson (Tome 1er, page 293) qu'il attribuait à Louis de Savoie-Vaud, comme étant à la Diana. Il s'y voit, encore à la 25e rangée et répété 36 fois comme les autres écussons de la voute. Il y avait été peint ainsi vers 1296 : d'or à l'aigle de sable chargé d'un lambel de cinq pendants de gueules. C'est donc celui qu'il y a lieu d'adopter.

Puis à la page 227 on lit ce qui suit (2) :

« Entre autres personnages de qualité qui suivirent, en 1147, le comte Amé III de Savoie à la deuxième croisade, un ancien manuscrit cité par l'historien Pingon a remarqué ceux-ci. »

(1) Savoie ancien.
(2) Guichenon, *Histoire de Savoie*, 1660.

Viennent quarante noms parmi lesquels douze du Bugey, qui sont :

1 Balme (Didier de la)

2 Belmont (Soffrey de)

3 Bussy (Jean de)

4 Chastillon (Guillaume de)

5 Grandmont (Humbert de)

6 Luyrieu (Humbert de)

7 Mornay (Guillaume de)

8 Rogemont (Geoffroy de)

9 Rossillon (Bernard de)

10 Serrières (Miles de)

11 Seyssel (Pierre de)

12 Thoire (Humbert de)

Puis un de la Bresse qui est Pierre de la Palu.

Total treize nouveaux.

Guerric de Coligny figure aussi dans cette liste, mais je l'avais déjà compris précédemment.

Cela porte à trente-un le nombre des familles des croisades du département, ayant donné quarante-un croisés.

De ces treize nouvelles familles, Guichenon donne la généalogie de sept d'entre elles dans son *Histoire du Bugey*, et d'une : *la Palu*, dans celle de *Bresse*, en tout huit.

Des cinq autres, trois : Grandmont, Mornay et Seyssel sont des quatorze qu'il dit dans sa préface n'avoir pas donné faute de renseignements, ce qui est bien à regretter, mais il cite leurs armes dans son Indice armorial ; restent deux dont les armes sont inconnues : Belmont et Serrières.

Pour Didier de la Balme, dans la généalogie de la Baulme ou de la Balme sur Cerdon en Bugey, Guichenon cite plusieurs membres de cette famille contemporains de la deuxième croisade, mais aucun du nom de Didier.

Armes : d'or à la bande d'azur.

Quant à Soffrey de Belmont, Guichenon ne donne ni la généalogie ni les armes de cette famille ancienne du Valromay, mais il cite comme présent à la fondation de Saint-Sulpice en Bugey, en 1130, un Soffrey de Belmont qui est probablement le croisé lui-même.

Belmont est près de la belle cascade du Seran à Cerverieu.

Jean de Bussy. Guichenon donne la généalogie et les armes : écartelé d'argent et d'azur, de cette famille. Mais le premier cité est Guillaume de Bussy, qui fit une concession à Meyria en 1195.

Bussy est près de Montréal et du lac de Nantua.

Pour Guillaume de Chastillon, on y trouve un Guillaume de Chastillon de Michaille, cité dans un titre de Nantua en 1150, armes : d'argent à la croix de gueules et qui se rapporte évidemment au croisé cité.

Relativement à Humbert de Grandmont, l'évêque de Genève mentionné dans le cartulaire d'Inimont an 1116, qui fit un traité à Seyssel en 1124, et mourut en 1134, était probablement parent du chevalier qui portait les mêmes noms et prénoms à la deuxième croisade, en 1147.

Ils étaient je pense de la même famille que Geoffroi de Grandmont, cité par Guichenon, tome I, p. 215, (1) comme présent, en 1097, à Yenne, à une donation d'Humbert II, comte de Savoie et seigneur du Bugey ; et qu'Amblard seigneur de Grandmont, témoin du même prince à la fondation du prieuré d'Inimont, en 1100 (page 197 des Preuves) (2) : « Testes hujus doni Amblardus

(1) *Histoire de la maison de Savoie.*
(2) *Histoire de Bresse et Bugey.*

miles de Grandimonte, Rostagnus miles et alii multi. »

Thomas de Grandmont, évêque de Belley en 1250, en était certainement aussi.

Guichenon regrettait, dans sa préface, de n'avoir pu obtenir des renseignements détaillés sur cette famille marquante du Bugey, et dont l'ancien château à machicoulis domine encore la contrée de Talissieu à Culoz.

Il donne leurs armes : de gueules au lion d'argent.

Quant à Humbert de Luyrieu, un chevalier des mêmes nom et prénom, paraît dans un titre de Nantua de 1110, et est indiqué comme vivant en 1160.

Il peut donc être le croisé, quoique aucun membre de cette famille nombreuse et considérable de ce pays-là, et qui a duré cinq siècles, ne soit cité par Guichenon, dans la longue généalogie qu'il en a donnée dans son *Histoire de Bugey et Bresse* comme ayant été aux croisades ; mais ce qui prouve que l'on ne doit pas en inférer qu'ils n'y ont jamais paru, outre que le même Guichenon a cité plus tard Humbert de Luyrieu comme croisé dans son *Histoire de la maison royale de Savoie*, c'est que j'ai découvert en 1864, aux archives départementales de l'Ain, une copie d'actes de fondations faites en faveur du prieuré de Talissieu, d'où il résulte qu'Etienne, seigneur de Luyrieu fit, en 1239, à ce prieuré, une donation d'un fief qu'il avait à Cormoranche, près d'Haute-Ville et de Lompnes, à l'ocasion de son voyage outre-mer pour aller au secours de la Terre-Sainte, donation qui ne devait avoir son plein effet que s'il en revenait sain et sauf.

Or on trouve dans la généalogie de Luyrieu, par Guichenon, un Etienne de Luyrieu chevalier, fils aîné d'Humbert et mari d'Agate de la Balme-sur-Cerdon, avec laquelle il vivait en 1190. C'est probablement Etienne le croisé, quoiqu'il dût être âgé lors de son pélerinage.

Armes : d'or au chevron de sable; devise : belle sans blame.

Dans son *Histoire de la souveraineté de Dombes*, 1662, Guichenon dit, page 178, « qu'en 1222, Humbert seigneur de Luyrieu en Bugey, prit en fief d'Humbert V de Beaujeu, seigneur de Valromey, le village d'Hauteville et les châteaux de Lompnes et de Culoz. Il ajoute qu'Humbert V de Beaujeu ayant pris la résolution, en 1238, d'accompaguer Philippe de Courtenay, empereur de Constantinople, en son voyage d'Orient, se croisa avec plusieurs grands seigneurs et ne fit ce voyage qu'en 1239 » (titre de Cluni, juin 1239) il est donc possible qu'Etienné de Luyrieu, qui était son vassal pour le château de Lompnes, soit un de ceux qui l'accompagnèrent.

Les ruïnes du château de Luyrieu, situées au pied du du mont Colombier, dominent la vallée inférieure de la petite rivière de Seran, entre Culoz et Talissieu; les seigneurs de Luyrieu avaient fondé, en 1100 environ, le prieuré de Talissieu, et avaient de toute antiquité leur sépulture dans le chœur de l'église, à la chapelle de la très Sainte-Vierge et de Saint-Christophore, ainsi que j'en ai retrouvé la preuve aux archives de l'Ain, dans les titres cités ci-dessus.

J'avais toujours remarqué devant le chœur une pierre tombale à moitié cachée et ornée d'un chevron (armes de Luyrieu), que j'attribuais à Humbert de Luyrieu, chevalier de l'ordre de Savoie (petit-fils du célèbre Amé VI, comte de Savoie, etc., comte Vert, par sa mère Catherine de Savoie-Molettes), qui, d'après Guichenon, mourut en 1410 et gist en l'église de Talissieu; et dont le fils Guy de Luyrieu, chevalier de Saint-Jean-de-Jérusalem, devint capitaine des galères de Rhodes ; mais après la première révolution personne dans le pays ne savait que les Luyrieu eussent un caveau dans cette église, et lorsque par suite de réparations, en 1854, on en découvrit un voûté contenant sept têtes de morts, l'on ne savait à qui il avait appartenu.

On n'ignorait pas que la famille de Rostaing avait eu sa sépulture, depuis cinq siècles, dans le cimetière de Saint-Christophore de Talissieu. On eut donc l'idée de le leur attribuer, mais nos documents particuliers, contenant entre autres l'acte de fondation dans cette église de la chapelle Saint-Antoine, au xve siècle, ne parlent pas de caveau. Il est donc plus à présumer que celui qui a été découvert appartenait aux seigneurs de Luyrieu, dont la famille est du reste éteinte depuis trois siècles.

Pour Guillaume de Mornay, Guichenon donne seulement les armes : d'argent au lion de sable de cette ancienne famille du Bugey septentrional, au canton d'Isernore.

Il mentionne un Geoffroy de Rogemont (troisième fils de Guillaume premier du nom), chevalier qui vivait en 1150. Dans un acte, à Meyria figure, en 1164, un Geoffroy de Rogemont qui pourrait être le croisé. Le fief de Rogemont est dans les montagnes, près d'Aranc et de la cascade de l'Albarine, à Charabote.

Armes : de gueules au lion d'or armé, lampassé et vilainé d'azur.

Un Bernard de Rossillon, chanoine de Belley, est signalé dans la fondation de l'abbaye de Saint-Sulpice, en 1130, c'est le même nom et le même prénom, et c'est probablement le croisé. Armes : d'or à deux fasces de sable.

Rossillon est à l'entrée des gorges de montagnes en venant de Savoie, et sur le Furan.

Pour Miles de Serrières, on ne sait si ce croisé était

de Serrières-sur-Ain ; de Serrières-sur-Albarine, près Saint-Rambert, ou de Serrières-de-Briord, près du Rhône, et Guichenon ne donne ni sa famille, ni ses armes. Le prénom Miles pourrait bien n'être que la signification du mot chevalier.

Relativement à Pierre de Seyssel, Guichenon dit : à l'article Mareschal, seigneurs de Meximieu (page 238), « Ce changement de famille me donne occasion de dire en passant quelque chose de la maison de Seyssel, laquelle est très illustre et tient rang éminent en Savoye, car dans les registres d'hommages qui sont en la chambre des comptes, à Chambéry, ceux de Seyssel sont qualifiés premiers barons de Savoye.

« Quoi qu'il en soit, la famille de Seyssel est très ancienne, de laquelle j'eusse bien souhaité de pouvoir donner la généalogie, mais il la faut attendre de quelqu'un qui en soit mieux instruit que moi, qui n'en ai jamais pu recouvrer les titres. »

De la présence d'un Seyssel à la deuxième croisade, on peut en conclure qu'un chevalier croisé était seigneur de Seyssel en 1147.

Armes : gironné d'or et d'azur de 8 pièces.

Humbert sire de Thoire premier du nom, cité, en 1131, à la fondation de l'abbaye du Miroir, au comté d'Auxonne, par Humbert de Coligny (*Histoire de Coligny*), est probablement le croisé de ce nom.

Son père, Hugues de Thoire, fit quelques libéralités, en 1110, à l'église de Saint-Pierre de Nantua, du consentement de cet Humbert Ier de Thoire, son fils.

Armes : bandé d'or et de geules de six pièces.

Enfin Pierre de la Palu, chevalier, seigneur de Varembon (1), mentioné vivant en 1140 et dénommé dans un

(1) Près Pont-d'Ain.

traité fait en 1158, entre Estienne, seigneur de Villars, après son retour de la Palestine, et Aynard, abbé de Saint-Sulpice en Bugey, pourrait être le croisé (page 284), Bresse.

Armes : de gueules à la croix d'hermine.

J'ai dit plus haut que l'historien Pingon assurait que Thomas 1er, comte de Savoie et seigneur du Bugey, avait pris part à la croisade de 1202, suivi entre autres par 25 chevaliers, parmi lesquels je remarque Aymon de la Balme, Guichard de Beaujeu, Amé de Coligny, Pierre et Humbert de Seyssel, ainsi que Humbert sire de Thoire.

Cet Aymon de la Balme était probablement de la famille de la Baulme ou la Balme-sur-Cerdon, citée plus haut.

Relativement à Pierre de Seyssel et à Humbert de Seyssel, j'ai trouvé aux archives nationales, à Paris, dans les preuvres de noblesse faites par les généalogistes des ordres du roi de 1765 à 1780, recueil coté MM 812, tome 3, pages 399-402, que « Pierre de Seyssel, chevalier, fut l'un des pleiges ou cautions d'un traité passé le 4 novembre 1196, entre Thomas 1er, comte de Savoie, et l'abbé de Saint-Rambert en Bugey. »

Passage qu'on trouve aussi dans Guichenon.

C'était probablement le Pierre de Seyssel, cité par Pingon avec Humbert de Seyssel, comme ayant pris part à la croisade de 1202 avec ce prince.

Ce Guichard de Beaujeu était probablement Guichard IV, dit le grand, seigneur de Montmerle, de Châtillon-sur-Chalaronne, de Bugey et de Valromey, qui testa en 1216, et était père du connétable de France, Humbert V de Beaujeu. Armes citées ci-dessus : parti au deuxième brétessé Beaujeu ancien, au 1er d'or au lion de sable armé de gueules, qu'il avait pris de sa femme Sybille, fille de

Baudouin-le-Courageux, comte de Hainaut et de Flandre.

Le lambel n'a été ajouté que postérieurement par ses descendants de la seconde race.

C'est évidemment le même Guichard de Beaujeu, seigneur de Valromey, en 1198 , que cite Guichenon, titres de Saint-Sulpice, et nous pouvons également le revendiquer comme croisé de l'Ain. Dans tous les cas, il a dû être suivi à la croisade par plusieurs de ses vassaux, ou croisés de ce département.

Quant à Amé de Coligny, Moréri, (d'après du Bouchet) dit qu'il assista à la conquête de Constantinople en 1202, et périt à Serres, en Orient, en 1205. Mais le père Anselme (1) dit que c'était Hugues de Coligny, frère puiné d'Amé, qui périt à Serres, en 1205, et qui était père de Béatrix, laquelle épousa Albert III de la Tour du Pin.

Guichenon dit en outre que : Hugues de Coligny, seigneur de Coligny-le-Neuf et Saint-André-sur-Suran étant, environ l'an 1200, sur le point de faire un voyage en Terre-Sainte.... donne à la Chartreuse de Seillon, près de la ville de Bourg, tout ce qu'il avait à Séligna. — Titres de Séligna.

Mais il est possible qu'Amé de Coligny ait aussi pris part à la croisade de 1202.

Pour Humbert. sire de Thoire, Guichenon cite Humbert II, fils ainé de Guillaume, sire de Thoire, (titres du château de Mailla en Bugey, 1188), marié à Alix de Coligny, dame de Cerdon en Bugey, sœur d'Hugues de Coligny le croisé, et dont entre autres Humbert III de Thoire, chevalier (titres de Meyria, 1217).

C'est donc probablement l'un ou l'autre Humbert qui aura pris part à la croisade de 1202.

(1) Histoire de la maison de France et des grands officiers de la couronne. Tome 7, page 145.

Du reste, cela ne modifie en rien les tableaux précédents quant au nombre des familles de croisés, puisque ces cinq derniers noms s'y trouvent déjà compris.

Dans *Histoire des Croisades* de M. Michaud, 7e édition, 1849, vol. 1er, p. 513, Achard de Montmerle est cité comme ayant pris part à la première croisade, 1096-1099.

Guichenon n'en fait aucune mention dans ses deux histoires imprimées de Bresse et Bugey et de la royale maison de Savoie, mais dans son *Histoire de la souveraineté de Dombes* citée plus haut, on trouve à l'article Montmerle (1) (page 105) que : « Robert l'Enchaîné, chevalier, seigneur de Montmerle, partit, en 1120, avec sa femme pour la Terre-Sainte, » et plus bas : « De cette même famille des Enchaînés était Achard, seigneur de Montmerle, vaillant chevalier, qui mourut en un combat contre les Turcs, en Palestine, où, selon l'historien Oderic Vital, il se signala avec Raimon Pelet et Guillaume de Sabran. »

Suit une note très-intéressante sur Achard de Montmerle, par M. Guigue, qui cite Robert-le-Moine et des documents inédits.

Achard de Montmerle mourut au siége de Jérusalem, au mois de juin 1099, âgé de 60 à 70 ans.

Armes (*Armorial de Dombes* par Guichenon.) . . de. . . . . . . à une aigle de. . . . .

Cette famille des Enchaînés a fourni d'autres croisés.

Dans sa Notice des fiefs de l'arrondissement de Trévoux 1863, M. Guigue dit que c'est vers le commencement du xiie siècle, très-probablement en 1101, que Robert l'Enchaîné, sur le point de se rendre à la croisade, donna en franc-alleu son château et châtellenie de Montmerle à Guichard III, sire de Beaujeu ; mais M. Philippe Michaud,

_____
(1) Sur la Saône et en face de Belleville.

dans son *Histoire du Beaujolais au* XIIe *siècle*, inséré dans la *Revue du Lyonnais* 1862, avait-déjà donné les détails suivant : « Au temps de Guichard III de Beaujeu, le château de Montmerle appartenait à une famille puissante dite des Enchaînés. Le chef de cette famille, Robert l'Enchaîné, entreprit le voyage de la Terre-Sainte ; sa femme voulut l'accompagner, mais l'argent manquait. Robert céda au sire de Beaujeu son château de Montmerle, toutes ses possessions en alleu, soit à Montmerle, soit à Châtillon et au château de Châtillon. Sa femme consentit ; la donation faite, Guichard, sire de Beaujeu, remit en fief, à charge d'hommage, les domaines qui venaient de lui être cédés, aux trois fils de Robert. (Guillaume, Bertrand et Bernard.) Cet acte important fut passé à Montmerle les jour et fête des martyrs Fabien et Sébastien, 1120. Le lendemain de l'acte, toute la famille père, mère, fils partirent pour la Terre-Sainte.... »

M. le baron F. de la Roche-la-Carelle, dans son *Histoire du Beaujolais,* etc., 1853, contenait déjà un récit presque identique, mais il ne mentionnait pas le départ pour la Terre-Sainte du plus jeune fils, Bernard l'Enchaîné.

Jusqu'ici je me suis constamment appuyé, dans ce travail, sur notre historien Guichenon, mais pour le nom de Moyria ce sera sur M. Guigue, que j'ai cité plus haut et je reproduis ce qu'il dit dans ses Notices historiques sur les fiefs, etc, de l'arrondissement de Trevoux à l'article Châtillon-sur-Chalaronne : « Berard de Châtillon, évêque de Mâcon, et son frère Humbert qui firent un traité, en 1103, avec l'abbé de Cluni, se croisèrent, en 1108, pour la Terre-Sainte avec deux de leurs neveux Etienne et Humbert de Moyria. »

Guichenon donne la généalogie de cette dernière famille, mais ces deux-ci n'y figurent pas. Il cite cependant à la même époque. Girard et Vauchier de Moyria, qui firent une concession, en 1110, au prieuré d'Inimont en Bugey. Le fief de Moyria était dans le bourg de Cerdon, d'après Guichenon.

Armes : d'or à la bande d'azur accompagnée de six billettes en orle.

Nous sommes enfin arrivés à trente-trois familles de l'Ain, ayant fourni cinquante-cinq croisés, dont un évêque, un chanoine, un curé, un moine et une femme.

De ces trente-trois familles, quatre ont été presque souveraines : celles de Beaujeu, de Coligny, de Savoie et de la-Tour-du-Pin, lesquelles ont appartenu principalement à d'autres provinces que celles du département de l'Ain, mais cependant elles ont dû entraîner à leur suite de nombreux croisés provenant des seigneuries qu'elles ont possédées dans l'Ain, pendant les deux siècles des croisades.

Deux seulement ont assisté au siége de Jérusalem, en 1099, par Godefroy de Bouillon : Berard de Châtillon, évêque de Mâcon, et Achard l'Enchaîné, seigneur de Montmerle, mort glorieusement pendant ce siége de la Ville-Sainte, et cité avec honneur par les anciens historiens contemporains des croisades.

Voici la liste des familles et dès croisés, suivant l'ordre dans lequel je les ai mentionnés, avec les dates des croisades auxquelles ils ont pris part.

Liste des Croisés de l'Ain suivant l'ordre du récit précédent, avec les dates des croisades auxquelles ils ont pris part.

nos 1   Baugé (Ulrich Ier de), 1120 1125 † (mort).

1 bis   Baugé (Guy, de) 1215 + .

1 ter   Baugé (Raynald IV, de) 1249 +.

no 2   Beyviers (Gauthier de), 1120.

no 3   Corsant (Archéric de), 1120.

3 bis   Corsant (André de), 1125-1147.

no. 4   Saint-Sulpis (Pernold de), 1120.

no 5   Briord (Gérard de), 1112.

nos 6   Lyobard (Pierre de), 1218.

6 bis   Lyobard (Hugues de), 1202-1218.

no 7   Grailly (Jean de), 1270.

nos 8   Châtillon (Bérard de), 1096-1108-1120 +.

8 bis   Châtillon (Humbert de), 1108.

no 9   Balmey (Garnier du), 1146?

no 10   Cordon (Pierre de), 1300?

no 11   Villars (Étienne II de), 1147 à 1152 1180†.

no 12   Montagnieu (Berlio de), 1112.

no 13   Vaudrenens (Barthélemy de), 1257.

no 14   Villa (Humbert de), 1116.

nos 15   Coligny (Guerric Ier de), 1147.

15 bis   Coligny (Humbert II de), 1171.

15 ter   Coligny (Amé ou Hugues de), 1200 + 1205.

no 16   Tour-du-Pin (Albert II de la), 1190.

nos 17   Beaujeu (Humbert V de), 1239-1250 +.

17 bis   Beaujeu (Humbert III de), 1147.

17 ter   Beaujeu (Guichard IV de), 1202.

nos 18   Savoie (Amédée II, comte de), 1125-1149 +.

18 bis   Savoie (Humbert II, comte de), 1101.

18 ter   Savoie (Thomas Ier, comte de), 1202.

n°. 18 *quarto*   Savoie (Louis de), 1270.

n°s 19   Balme (Didier de la), 1147.

19 *bis*   Balme (Aymon de la), 1202.

n° 20   Belmont (Soffrey de), 1147.

n° 21   Bussy (Jean de), 1147.

n° 22   Chastillon (Guillaume de), 1147.

n° 23   Grandmont (Humbert de), 1147.

n°s 24   Luyrieu (Humbert de), 1147.

24 *bis*   Luyrieu (Estienne de), 1239.

n° 25   Mornay (Guillaume de), 1147.

n° 26   Rogemont (Jeoffroy de), 1147.

n° 27   Rossillon (Bernard de), 1147.

n° 28   Serrières (Miles de), 1147.

n°s 29   Seyssel (Pierre de), 1147.

29 *bis*   Seyssel (Pierre de), 1202.

29 *ter*   Seyssel (Humbert de), 1202.

n°s 30   Thoire (Humbert Ier de), 1147.

30 *bis*   Thoire (Humbert III de), 1202.

n° 31   Pallu (Pierre de la), 1147.

n°s 32   Montmerle (Achard l'Enchaîné de), 1096 à 1099 +.

32 *bis*   Montmerle (Robert l'Enchaîné, comte de), 1101 ou 1120.

32 *ter*   Montmerle (dame Robert de), 1101 ou 1120.

32 *quarto*   Montmerle (Guillaume l'Enchaîné de), 1101 ou 1120.

32 *quinto*   Montmerle (Bertrand l'Enchaîné de), 1101 ou 1120.

n°s 33   Moyria (Etienne de), 1108.

33 *bis*   Moyria (Humbert de), 1108.

En tout 33 familles dont 55 croisés.

Liste alphabétique des 33 familles des Croisés de l'Ain.

1 Balme-sur-Cerdon (La).
2 Balmey (du).
3 Baugé.
4 Beaujeu.
5 Belmont.
6 Beyviers.
7 Briord.
8 Bussy.
9 Châtillon-de-Michaille.
10 Châtillon-les-Dombes.
11 Coligny.
12 Cordon.
13 Corsant.
14 Grailly.
15 Grandmont.
16 Luyrieu.
17 Lyobard.
18 Montagnieu.
19 Montmerle.
20 Mornay.
21 Moyria.
22 Palu (La).
23 Rogemont.
24 Rossillon.
25 Saint-Sulpis.
26 Savoie.
27 Serrières.
28 Seyssel.
29 Thoire.
30 Tour-du-Pin (La).
31 Vaudrenens.
32 Villa.
33 Villars.

De ces trente-trois familles de croisés quatre subsistent encore de nos jours, celles de Savoie, de La Tour-du-Pin, de Cordon et de Seyssel ; mais la maison royale de Savoie est étrangère au département de l'Ain depuis deux siècles et demi. La famille souveraine du Dauphiné du nom de La Tour-du-Pin est éteinte depuis cinq siècles ; celle du même nom qui subsiste encore en est séparée par conséquent depuis la même époque, et du reste n'a plus rien de commun avec le département de l'Ain depuis ce temps-là. Il y a encore des Cordon en Bugey et en Savoie; des Seyssel existent aussi en Savoie, et depuis quatre siècles d'autres n'ont pas quitté le Valromey ; à Sothonod entre autres, où ils jouissent toujours des terres qui leur proviennent des Arthaud.

La famille de Moyria, éteinte dans les mâles, ne subsiste je crois, dans les femmes, en Savoie, que par Mme la comtesse Raoul de Costa, née de Moyria, et dans l'Ain par ses deux nièces, Mlles de Moyria, dont l'une avait épousé M. le comte de Cibens, de la Dombes.

LISTE DES CROISÉS DE L'AIN PAR CROISADES

1re croisade prêchée par le pape Urbain II et Pierre l'Ermite au Concile de Clermont.

1095-1101. — Prise de Jérusalem, par Godefroy de Bouillon, 1099.

Bernard de Châtillon, évêque de Mâcon et Achard l'Enchaîné, seigneur de Montmerle 2

2me départ, 1101-1110.

3 Châtillon, 4 Montmerle; 2 Moyria; Humbert II, comte de Savoie 10

3me départ, 1112-1144.

Baugé, Beyviers, Briord, Châtillon, 2 Corsant, Montagnieu, Saint-Sulpis, Amé II, comte de Savoie, Villa 10

2me croisade provoquée par le pape Eugène III et prêchée par saint Bernard.

1146-1149, Louis VII roi de France, et l'empereur. Conrad.

Balme (La), Balmey, H. de Beaujeu, Belmont, Bussy, Châtillon, Coligny, Corsant, Grandmont, Luyrieu, Mornay, Palu (La), Rogemont, Rossillon, Amé II, comte de Savoie, Serrières, Seyssel, Thoire 18

Perte de Jérusalem, 1187.

3me croisade annoncée par le pape Grégoire VIII, préchée par l'archevêque Guillaume de Tyr.

1188-1197. — Richard Cœur-de-Lion, roi d'Angleterre ; Philippe-Auguste, roi de France ; l'empereur Frédéric Barberousse.

La Tour-du-Pin 1

4me croisade provoquée par le pape Innocent III.

1198-1210. — Boniface, marquis de Montferrat ; Baudouin, comte de Flandre ; Dandolo, doge de Venise. Prise de Constantinople, 1204.

Balme (La), Beaujeu (Guichard IV de), Coligny, Lyobard, Thomas, comte de Savoie ; 2 Seyssel, Thoire. 8

5me Croisade, provoquée par le pape Innocent III au Concile de Latran, à Rome, 1215, et préchée en France par le cardinal-légat Robert de Courçon.

1219. — 1re expédition en Egypte, prise de Damiette en 1215. André, roi de Hongrie ; Frédéric le glorieux, duc d'Autriche.

Baugé, 2 Lyobard 3

6me croisade, provoquée par le pape Honoré III et le pape Grégoire IX, 1227.

1225-1241. — Empereur Frédéric II, et Albert de Habsbourg.

Beaujeu (Humbert V de), Luyrieu (E. de) 2

7me croisade, provoquée par le pape Innocent IV au Concile de Lyon, en 1245.

1245-1260. — Louis IX, roi de France, 1re expédition de saint Louis en Egypte, 1249.

Baugé, Baujeu (Humbert V de), Vaudrenens 3

8me croisade, provoquée par le pape Clément IV.

1265-1270. — 2me expédition de saint Louis, Tunis.

Grailly, Savoie (Louis de) 2

Croisade provoquée à Poitiers, vers 1305, par le pape Clément V.

Perte de Ptolémaïs, 1291, et de toute la Syrie.

Cordon   1

Total   60

En tout 55 croisés, dont 4 ont pris part à deux croisades : H. de Lyobard, comte Amé II de Savoie, A. de Corsant et Humbert V de Beaujeu, et un Bernard de Châtillon, évêque de Mâcon, qui y aurait été trois fois.

Le tableau suivant en donne la répartition entre les différents pays distincts ou seigneuries existants à l'époque des croisades, et compris dans les limites actuelles du département de l'Ain.

Baugé ou Bresse.

Baugé, Beyviers, Châtillon-sur-Chalaronne, Corsant, La Palu, Saint-Sulpis, Vaudrenens   7

Dombes.

Montmerle, Villars   2

Manche de Coligny.

Briord, Coligny, Lyobard, Montagnieu, Serrières, Tour-du-Pin (La)   6

Thoire ou seigneurie de la Montagne.

Balme-sur-Cerdon, Balmey, Bussy, Mornay, Moyria, Rogemont, Thoire   7

Bugey.

Châtillon-de-Michaille, Cordon, Grandmont, Rossillon, Savoie, Seyssel, Villa   7

Valromey.

Beaujeu, Belmont, Luyrieu   3

Gex.

Grailly   1

33

Il faut se rappeler qu'excepté Coligny même, cela n'a été que très-postérieurement que les différentes seigneuries ou communes situées à l'est de la rivière d'Ain et appartenant à la Manche de Coligny, au bailliage de la montagne des sires de Thoire, au Valromey et au Bugey ont formé la province géographique appelée Bugey.

Dans la notice citée au début, on lit ce qui suit :

« Les admissions au Musée de Versailles des noms et armes des Croisés sont loin d'être exclusives et d'impliquer que ces seigneurs soient les seuls qui aient pris part aux guerres saintes. En effet, si nous réfléchissons aux armées innombrables qui, sous la bannière du Christ, se précipitèrent vers la Palestine, nous ne saurions douter que *chaque famille noble contemporaine des croisades* n'ait fourni au moins un champion à l'une de ces diverses expéditions d'outre-mer.

« Pour rendre entière et complète justice, il eût fallu peut-être inscrire dans la liste des Croisés les noms de toutes les familles d'ancienne chevalerie, c'est-à-dire dont l'existence féodale remonte au XIVe siècle. Mais on ne pouvait sans de graves embarras procéder ainsi par induction, et toutes les admissions ont été subordonnées à des preuves matérielles et authentiques.

« Toutefois, on conçoit que le silence des historiens, l'absence de titres originaux et même la négligence des familles à faire valoir leurs droits ont dû priver une foule de noms anciens de figurer au Musée de Versailles. Les maisons éteintes surtout, n'ayant plus de représentants intéressés à plaider leur cause, ont été presque toujours oubliées ou mises à l'écart.

« Quelque étendue qu'elle soit, il serait possible de doubler encore la liste précédente en consultant les continuations inédites de Guillaume de Tyr, les cartulaires

du Saint-Sépulcre et de Sainte-Sophie de Nicosie, les
chroniques de Stramboldi et d'Amadi, l'*Histoire des prin-
cipautés d'outre-mer* laissée en manuscrit par Ducange
et les titres authentiques des familles. Nous citerons ici
quelques noms seulement qui mériteraient de figurer dans
les additions nouvelles à la galerie des croisades.

« Suivent 126 noms de familles françaises, dont deux:
Baulme(la), seigneurs de Montrevel en Bresse, et *Luange*
en Bresse. »

C'est probablement *Lange* qu'il a voulu dire et non
Luange, dont on ne trouve, je crois, nulle trace en Bresse
ou Bugey. Du xiie au xve siècles les seigneurs de Langes
formaient une branche de la famille de la Balme ou la
Baulme, seigneurs de Fromente, de la Balme-sur-Cerdon, etc., dont l'un d'eux bâtit le château de *Langes*
près Cerdon et dont elle prit le nom. Voir l'article généalogique dans Guichenon, qui en outre mentionne Benoît
de Langes, évêque de Belley, seigneur de Langes près
Saint-Rambert en Bugey.

Dans son *Histoire de Bresse et Bugey*, en 1650, Guichenon donne les généalogies de 114 familles nobles de
Bresse et de 60 de Bugey et Valromey, en tout 174 ;
mais sa préface de la 3me partie contient une liste de
32 familles nobles de la Bresse et de 14 du Bugey, ensemble 46, sur lesquelles il n'avait pas pu avoir, dit-il, des
renseignements suffisants, et dont la plupart, ajoute-t-
il, étaient déjà des maisons éteintes. Guichenon ne cite
ainsi en tout que 220 noms de familles nobles de Bresse,
Bugey et Valromey. Il dit aussi qu'il n'a pas du tout parlé
de plusieurs gentilshommes, et il en donne la raison. Sa
liste n'est donc pas complète, ainsi qu'il l'explique lui-
même ; aussi je remarque que dans la préface du Ier volume de son *Nobiliaire de l'Ain*, 1862, M. J. Baux porte

à 250 le nombre des familles nobles qui existaient, tant dans la Bresse que dans le Bugey, il y a deux siècles, du temps de Guichenon, c'est-à-dire trente de plus.

Et ce qui viendrait à l'appui, c'est le nom de plusieurs membres de la famille noble de Cadot, que j'ai retrouvé en 1863 aux archives de l'Ain, comme habitant la paroisse de Talissieu (canton de Champagne-en-Valromey) au commencement du XIVe siècle, à l'occasion d'une donation à cette église, et qui n'a jamais été cité par notre ancien historien. Cet acte, daté de 1333, contient vingt noms de témoins dont plusieurs sont qualifiés *dominus, chevalier*, et paraissent être des nobles.

M. Guigue, dans son intéressante *Notice sur la chartreuse d'Arvières en Bugey, Revue du Lyonnais*, 1869, mentionne l'un de ceux-là même, *noble Humbert de Cadot* de Talissieu, comme bienfaiteur d'Arvières en 1349.

D'après M. J. Baux « il ne resterait en (1862) que 17 familles nobles des 250 qui existaient du temps de Guichenon, et encore, sur ces 17, quatre ou cinq sont en voie de s'éteindre dans un délai, hélas ! peu éloigné... disait-il. Le fait est que cette rapidité d'extinction est effrayante, et montre qu'il n'est pas étonnant que deux seulement des trente familles connues de Croisés du département de l'Ain y subsistent encore de nos jours.

Quant aux familles de l'Ain contemporaines des croisades, j'ai cherché leurs noms dans Guichenon, et je n'ai trouvé pour le Bugey et le Valromey que 47 noms de personnages ou de familles, dont 23 font partie des 33 du tableau précédent, contenant celles qui ont figuré aux croisades.

Il resterait donc encore pour le Bugey et le Valromay 24 noms d'individus ou de familles mentionnés comme contemporains des guerres saintes, et qui par conséquent auraient pu fournir des chevaliers croisés ; en voici les noms par ordre alphabétique :

Arlos.	Langes.
Arthaud.	Loyettes.
Benonce.	Liautard.
Berlio.	Lyatard.
Bouvard.	Montferrand.
Chambre (La).	Nucey.
Cerdon.	Oncieu.
Chignin.	Rostaing.
Cressieu.	Silans.
Dorches.	Varennes.
Dortans.	Varey.
Grolée.	Vaux.

Peut-être par la suite trouvera-t-on comme, je l'ai fait pour *Etienne de Luyrieu*, quelque preuve de leur présence aux croisades.

La population du département de l'Ain étant à peu près la centième partie de celle de la France entière, on peut compter environ mille croisés de l'Ain par chaque centaine de mille croisés ; or, pendant les deux siècles des croisades, il y a eu par conséquent plusieurs milliers de croisés partis de notre département. Les trente familles éminentes qui y ont pris part, et dont les noms sont venus jusqu'à nous, ont disparu presque toutes ; leur origine se perd dans la nuit des temps, ainsi que celle des milliers de Croisés du pays qui nous sont inconnus; mais toutes partaient de troncs qui sont restés sur les lieux, et dont les rejetons subsistent sous le chaume, dans le fond des campagnes et des montagnes de l'Ain, mêlés à toute la population. C'est donc à celle-ci, en définitive, qu'en revient la principale gloire. Mon but a été de la lui restituer, et de lui rappeler sa propre grandeur. Assez de gens poussent de nos jours à la désunion, et dans la faible mesure de mes forces, je cherche l'union pour nous relever de nos désastres.

1er septembre 1871.